AF265668

DES RÉFORMES

A INTRODUIRE DANS LES ÉTUDES DE LA LICENCE

ET DU DOCTORAT

Rapport présenté par M. GABRIEL ALIX au nom de la Commission

DÉLIBÉRATION DE LA FACULTÉ

PARIS

AU SECRÉTARIAT DE L'INSTITUT

RUE DE VAUGIRARD, 74

1894

DES RÉFORMES

A INTRODUIRE DANS LES ÉTUDES DE LA LICENCE

ET DU DOCTORAT

Rapport présenté par M. GABRIEL ALIX au nom de la Commission

DÉLIBÉRATION DE LA FACULTÉ

PARIS

AU SECRÉTARIAT DE L'INSTITUT

RUE DE VAUGIRARD, 74

—

1894

FACULTÉ LIBRE DE DROIT DE PARIS

DES RÉFORMES A INTRODUIRE DANS LES ÉTUDES DE LA LICENCE
ET DU DOCTORAT

RAPPORT PRÉSENTÉ PAR M. GABRIEL ALIX
AU NOM DE LA COMMISSION
CHARGÉE D'ÉTUDIER CES RÉFORMES

La Direction de l'Enseignement supérieur a récemment invité les Facultés de droit à donner leur opinion sur les réformes qu'il conviendrait d'introduire dans les études et les épreuves du doctorat. Encore que cette invitation ne nous ait pas été adressée particulièrement et que nous n'en ayons eu connaissance que par les journaux, il vous a paru, Messieurs, que les Facultés libres avaient qualité pour intervenir dans l'enquête ouverte par M. le Ministre de l'Instruction publique, et que l'examen d'une question d'enseignement leur appartenait au même titre qu'aux Facultés de l'État. En vertu de la loi du 12 juillet 1875, elles partagent, en effet avec celles-ci le droit d'enseigner. Elles n'ont pas de situation officielle, il est vrai; mais elles ont une existence légale. On reconnaît aux inscriptions prises dans les Facultés libres la même valeur qu'aux inscriptions prises dans les autres Facultés; l'étudiant inscrit sur nos registres n'est tenu de suivre que nos cours, et, s'il ne subit plus devant nous les épreuves exigées pour l'obtention des grades, il est toujours formé par notre enseignement.

En conséquence, vous avez chargé une Commission, choisie parmi les membres de la Faculté libre, d'étudier la question soumise à toutes les écoles de droit et de chercher dans quel

2

sens devrait s'opérer la réforme projetée. Ce sont ses conclusions que je vous apporte, Messieurs ; en même temps j'aurai l'honneur de vous faire connaître les raisons qui nous paraissent les justifier.

Le titre de docteur en droit ne représente pas moins de deux à trois années d'études préparatoires, de trois examens et de deux thèses. Aucun autre diplôme de docteur n'est à si haut prix. D'où vient cette inégalité de traitement ? Elle s'explique, en partie du moins, par la faiblesse générale des études de la licence en droit et la dépréciation du grade. Cette faiblesse est une des raisons pour lesquelles, tandis qu'un licencié ès-lettres ou ès-sciences, présumé en possession du savoir littéraire ou scientifique, n'a qu'à présenter deux travaux personnels et approfondis, deux thèses sur des sujets qu'il a choisis, pour arriver au degré universitaire le plus élevé, un licencié en droit est tenu, avant d'être admis à la présentation et à la soutenance des thèses, de revoir tout ou presque tout ce qu'il a vu déjà, de reprendre du commencement à la fin les parties essentielles de l'enseignement juridique, c'est-à-dire le droit romain et le droit civil ; en outre, le droit constitutionnel et deux autres matières à son choix parmi celles qui font l'objet d'un cours dans la Faculté, — en un mot, de refaire ses études. C'est une bien longue épreuve ! Nous avons dit quel temps exige en moyenne la préparation du doctorat en droit : si l'on y ajoute trois années de licence et une année passée au régiment, on se rendra compte de la difficulté qu'éprouvent aujourd'hui un grand nombre de jeunes gens à aborder les carrières qui se recrutent par la voie du concours.

Il ne faut pas perdre de vue l'avantage considérable que le titre de Docteur offre non seulement à ceux des étudiants en droit qui aspirent à ces carrières, mais encore aux autres, lorsqu'ils ne peuvent faire valoir, au moment de l'appel sous les drapeaux, aucune cause d'exemption ou de dispense. Le doctorat leur fournit la dispense dont ils ont besoin. Il réduit à un an la durée du service. Mais vous apercevez la conséquence immédiate de ce fait, et finalement l'influence que la loi militaire va exercer sur les études du doctorat en droit. Ce haut grade universitaire n'étant plus un but auquel tende par vocation une élite, mais un moyen de se libérer des deux tiers d'une lourde obligation, on doit s'attendre à voir grossir de plus en plus le flot des aspirants au diplôme. Le niveau des examens en sera fatalement abaissé. Il semble au premier abord qu'il dépende des juges d'empêcher ce résultat, en arrêtant impitoyablement au passage les candidats sans aptitude ou insuffisamment préparés. Mais, outre qu'il ne faut pas trop demander à la nature humaine, et qu'un professeur, — ce qui en définitive est à son honneur, — aura toujours besoin de se faire violence pour prononcer une sentence qui emporte condamnation à deux années de service militaire, nous savons par expérience qu'un jury n'est pas toujours le maître absolu du sort des candidats: c'est la valeur moyenne des examinés, beaucoup plus que le degré de sévérité ou d'indulgence des examinateurs, qui détermine le niveau des épreuves.

On comprend donc que la réforme du doctorat ait attiré l'attention du Ministre et qu'elle figure à l'ordre du jour des Facultés. Au fond la question posée est complexe. Il s'agit d'une part d'alléger les études préparatoires du doctorat de façon à les concilier avec les exigences du service militaire, d'autre part il faut écarter toute modification qui aurait pour effet de diminuer la valeur du grade. Voilà les deux termes du problème à résoudre. Ces deux termes étant contradictoires, il n'y aurait pas de solution possible, si l'on restait dans les limites étroites de la question. Il est essentiel de l'élargir, et c'est ce qu'ont fait tous les juges compétents qui l'ont récemment étudiée dans les journaux et les revues d'enseignement. Ils ont pensé que la réforme devait embrasser l'ensemble des études juridiques. Pourquoi croit-on nécessaire de multiplier les épreuves du doctorat? C'est à cause du peu de garantie que présente le titre de licencié. Que l'on commence donc par relever ce titre, en remaniant le programme de la licence, et l'on aura ensuite toute liberté pour réorganiser le doctorat! Quel intérêt précipite vers le doctorat une foule de jeunes gens impropres à la science du droit? C'est l'immunité qu'y attache la loi sur le recrutement de l'armée. Que le diplôme de licencié, plus difficilement obtenu, bénéficie de la faveur de la loi, et le diplôme de docteur, devenu plus rare et mis entre des mains plus dignes. ne tardera pas à retrouver tout son crédit ! Tel est l'avis des maîtres ; c'est aussi le nôtre. En somme « le « nœud de la réforme à opérer ne se trouve pas dans les études « et les épreuves du doctorat, mais dans celles de la licence, « et aucun plan de reconstruction n'aura d'effet, si l'on ne re- « prend pas l'édifice de l'éducation juridique au pied, pour « ainsi dire, et dans ses fondations [1]. »

Sur ce fait l'accord parait être fait.

Il en est un autre sur lequel l'accord commence à se faire. C'est la nécessité d'établir une transition entre l'enseignement secondaire et l'enseignement purement juridique. A peine soiti du collège, où l'histoire, les langues et la littérature constituent le fond de l'enseignement, l'étudiant, en l'état actuel, est brusquement mis en présence de la technique et des abstractions du droit. Dès le commencement il est surpris, rebuté ; en même temps il est désorienté, et demande où on le mène, car l'exégèse des textes ne lui laisse apercevoir que des détails ; la vue d'ensemble lui échappe. Peu de jeunes gens résistent à l'épreuve, les deux tiers désertent bientôt les salles de cours, et ne reparaissent plus qu'aux jours d'examens. Signaler ce mal, c'est en indiquer le remède. Il faudrait habituer par degrés les étudiants au changement de régime, substituer pendant les premiers mois d'école la synthèse à l'analyse, se tenir sur les hauteurs, et de là montrer aux arrivants la configuration du pays à parcourir, ses divers aspects et les points saillants. Une introduction générale où domineraient l'histoire et la philosophie du droit, inaugurerait bien les trois années d'études et répondrait au but. On y joindrait les matières du programme qui par leur nature se rapprochent le plus de l'ins truction que l'étudiant a reçue pendant sa dernière année de collège, ou qui agréent le plus à son esprit.

Quelles matières doivent composer ce programme et constituer l'enseignement de la licence en droit ? Faut-il maintenir la liste du décret du 24 juillet 1889, l'étendre même ? Ici commencent à se produire des divergences d'opinion.

1. M. E. Boutmy. — *Revue bleue*, n° du 7 avril, 1894.

Il n'y en a pas eu dans le sein de votre commission. Nous
avons été unanimes à penser que loin d'élargir le cadre actuel
de la licence, il importait de le réduire, d'éliminer sans hésita-
tion certaines matières accessoires, telles que la législalion
financière, la législation coloniale, la législation industrielle.
En réalité, ce ne sont là que des développements du droit administratif ou du droit commercial, qui prennent du temps
aux élèves et surchargent leur mémoire, sans profit pour leur
intelligence détournée de ce qui est fondamental. — A plus
forte raison nous paraîtrait-il regrettable qu'on introduisît
dans les programmes, dans celui de la licence comme dans
celui du doctorat, des enseignements nouveaux, innommés, aux
contours vagues et sans base fixe, empruntés aux préoccupa-
tions et aux polémiques du jour, — par exemple, les questions
ouvrières [1]. Ces questions et d'autres du même ordre sont des
des étrangères dans nos facultés ; entre elles et le droit quel
lien rationnel peut-il exister? Il y a plus : en y appliquant l'esprit des jeunes étudiants on courrait risque d'arrêter chez eux
la formation de jurisconsulte. Sur ce point nous partageons le
sentiment qu'exprimait avec une grande autorité M. Bourbeau
en 1848 : « Quant à cette partie des sciences auxquelles manque
« un fondement solide formé par la réunion de règles qu'il ne
« soit pas permis d'enfreindre » disait-il, « sciences de faits et
« non de lois, de systèmes plutôt que de principes, nous croyons
« fermement que la faire pénétrer dans les facultés de droit,
« ce serait altérer d'une manière profonde l'esprit général des
« études qui reposent sur la déduction logique de prémisses
« inconstestables écrites dans les textes ; ce serait porter un
« coup fatal à l'enseignement juridique, tel que doivent le rece-
« voir les légistes, si on le soumettait au mélange et à l'enva-
« hissement de l'esprit de système ou des témérités spécula-
« tives. »

Est-ce à dire que la nomenclature des cours d'une faculté
doive rester invariablement la même et former une sorte de
liste close, quels que soient le progrès de la science et les

---

1. V. une note sur la réforme du droit, insérée dans le journal *le
Temps*, n° du 21 avril 1894.

besoins particuliers d'une époque? Non certes ; il est à souhaiter, au contraire, que le domaine de l'enseignement s'agrandisse sans cesse, qu'aucune partie de la science ne reste en dehors ; que sur tous les points, même les moindres, l'étude y soit poussée à fond ; que les Facultés répondent à tous les besoins, que toutes les curiosités de l'esprit y reçoivent satisfaction. Il n'y aura jamais trop de lumières. Mais autre chose, croyons-nous, sont les cours et autre chose les examens. Si l'enseignement est indéfiniment extensible, le programme des épreuves ne l'est pas. Ce programme en effet trouve une double limite dans le temps de la scolarité et dans les forces de l'étudiant ; et dès l'instant qu'il ne peut tout contenir, on doit se résigner à n'y faire entrer que les matières jugées essentielles. Nous verrons que celles-ci sont encore assez nombreuses et assez vastes pour absorber les années universitaires des jeunes gens qui veulent en prendre une connaissance sérieuse. Toutefois, la capacité de travail ainsi que le degré d'intelligence variant avec les individus, nous reconnaissons que ce serait tomber dans un autre excès que de considérer l'ensemble de ces matières comme un *maximum* de savoir, les limites du programme comme des limites infranchissables, et de dire à la partie ardente et studieuse de la jeunesse : tu n'iras pas plus loin ! » Après avoir tracé ce qu'on exige de tous, il convient de laisser le champ libre aux bonnes volontés, de permettre à chacun de consulter ses forces, d'acquérir un surcroit de connaissances et d'en faire la preuve. Il y aurait donc deux sortes d'épreuves dans tout examen, les épreuves *obligatoires* et les épreuves *facultatives*. Le candidat pourrait toujours exiger qu'on l'interrogeât sur des sujets traités dans un ou plusieurs cours secondaires ou dans des conférences spéciales, et le résultat de l'interrogation volontairement subie donnerait lieu à une mention particulière sur le diplôme. Mais entendons-nous bien ! Ce luxe de l'examen ne pourrait en aucun cas tenir lieu du nécessaire ; aucune compensation ne serait possible entre les deux ordres d'épreuves ; rien ne suppléerait à l'insuffisance des candidats sur les matières obligatoires.

Ces matières obligatoires seraient toutes celles dont la connaissance est indispensables aux jurisconsultes. Former des

jurisconsultes, telle est la mission vraie, le but et la raison d'être
des Facultés de droit : C'est une vérité banale qu'on semble
avoir un peu trop perdue de vue depuis quelques années ! En
la rappelant nous n'entendons pas seulement condamner la
tandance d'un certain nombre d'esprits à implanter dans les
écoles de jurisprudence des branches exotiques d'enseignement, qui ne s'y développeront jamais, n'y trouvant pas un
sol propice, et qui ne peuvent que nuire aux branches an-
ciennes et indigènes; mais nous voulons aussi marquer notre
désaccord avec ceux qui prétendent imprimer à l'enseignement de la licence un caractère exclusivement pratique. Nous
avons, quant à nous, une trop haute idée du rôle des Facultés
pour admettre jamais qu'elles puissent descendre au niveau
des écoles professionnelles. Leur enseignement doit être fait
de principes, de théories, d'idées générales, de raisonne-
ments ; il doit être avant tout scientifique.

Mais il y a des degrés dans l'initiation à la science ; et
c'est à ces divers degrés que correspondent, du moins dans
les facultés de droit, les divers diplômes. Un éminent professeur propose d'abandonner ce système [1], mais nous ne
partageons pas son avis, et nous en dirons plus loin les
raisons. Si nous jugeons nécessaire de relever la licence en
droit, nous croyons qu'il ne l'est pas beaucoup moins de
maintenir deux programmes d'études, — l'un pour la licence
et l'autre pour le doctorat, — dont le rapprochement révèle
nettement la différence à établir entre le licencié et le docteur.

Quelle est donc cette différence ? Selon nous, celle qui
sépare l'homme instruit de l'homme savant, une différence
en profondeur et en étendue. En conséquence, nous garde-
rions pour l'aspirant au doctorat l'histoire proprement dite du
droit français ; et ce que nous chercherions dans le droit
romain pour le faire figurer au programme de la licence, ce
serait, non pas la partie tombée en ruines et recouverte de la
poussière des âges, mais la partie vivante encore et immor-

1. De la Réforme du doctorat en droit, *Revue internat. d'Enseignement
supérieur*, 15 juillet 1893.

telle. Dans le second semestre de la première année, le professeur donnerait aux étudiants quelques notions générales sur la législation romaine ; il en dirait juste ce qu'il faudrait pour les mettre en état de comprendre et de suivre utilement un cours qui s'ouvrirait l'année suivante et auquel ses leçons serviraient utilement de préface.

Ce cours porterait principalement sur les obligations en droit romain. Nous ne serons sans doute contredit ni par vous, Messieurs, ni par aucun juge compétent, si nous avançons que nul autre enseignement n'est plus propre à former l'esprit juridique et à lui lui donner la trempe. Placé à la seconde année, alternant, au moins pour un temps, avec l'explication du titre consacré aux contrats dans notre Code, le cours dont il s'agit jetterait de vives clartés sur l'enseignement du droit civil et serait pour lui un puissant auxiliaire.

Quelques autres changements, moins graves, pourraient être utilement apportés au programme de la licence, tels que le fixe le décret du 24 juillet 1889. Et d'abord, nous voudrions y voir figurer d'une manière formelle la législation de l'enregistrement, en général si peu connue des avocats, des magistrats, des officiers ministériels, qui présente cependant un immense intérêt pratique, — et ajoutons un haut intérêt juridique, lorsqu'elle est étudiée dans ses rapports avec le droit civil et la jurisprudence. Bien entendu, c'est à ce point de vue élevé qu'on doit l'étudier dans nos facultés ; on ne doit y voir qu'un prolongement du droit civil. Il ne serait pas nécessaire d'ailleurs que cet enseignement fût l'objet d'un cours distinct. Il pourrait continuer à faire partie du cours du droit administratif, mais à la condition qu'il y reçût un développement convenable et dans le sens que nous venons d'indiquer. Une interrogation spéciale sur l'enregistrement dans l'examen de licence, prescrite par le règlement, serait la sanction de la réforme.

A propos du cours de droit administratif, nous exprimons le vœu qu'il soit transporté de la deuxième à la troisième année. Actuellement il est fait trop tôt, et par conséquent avec peu de profit ; car il suppose fréquemment chez les auditeurs la connaissance des matières civiles qui ne leur seront expli-

quées que pendant la troisième année. Il est vrai qu'un second
cours de droit administratif figure déjà au programme de la
troisième année parmi les cours dits à option. Mais nous n'en
saisissons pas l'utilité, à vrai dire, et nous sommes d'avis qu'on
ferait bien de le sacrifier. Une année de droit administratif
suffit, croyons-nous, pour faire pénétrer dans l'esprit des étudiants tout ce qu'ils doivent savoir de cette branche du droit
public, même si l'on y réserve de dix à douze leçons pour
l'enregistrement. La matière est bien vaste sans doute; mais
il n'en est pas, dans toutes les branches de l'enseignement,
qui soit plus extensible et, si l'on nous permet le mot, plus
comprimable à la fois. Le professeur peut la traiter selon la
méthode adoptée pour le droit civil, analyser les textes et ne
faire grâce d'aucun détail : le droit administratif devient alors
ce que Dumoulin disait emphatiquement de la matière des
obligations indivisibles : *Vastum mare, impermeabilis unda
et inextricabilis error*. Le professeur peut, au contraire, s'en
tenir aux principes et à leurs conséquences, aux lignes principales, aux choses qui concourent à la formation d'un système et peuvent offrir quelque attrait à l'esprit, — tenant le
reste pour négligeable et le rejetant dans le domaine de la
pratique. Tout dépend donc de la manière de comprendre le
droit administratif et de l'enseigner.

La dernière des modifications que votre Commission propose concerne la procédure civile. Nous désirons que le cours
sur les voies d'exécution cesse d'être un cours à option; qu'on
le réunisse à l'enseignement de la procédure pour qu'il ne
fasse plus avec cet enseignement qu'un seul et même cours,
désigné ainsi au programme : « Éléments de procédure civile
et voies d'exécution », et rendu obligatoire pour tous les étudiants de troisième année. Bien qu'il embrassât des matières
en ce moment réparties entre deux cours semestriels, le nouveau cours de procédure pourrait peut-être ne durer que six
à sept mois, et voici comment. L'organisation judiciaire, l'introduction et l'instruction des instances, les voies de recours,
— en un mot, ce qui est avant tout affaire de pratique, n'y
tiendrait qu'une petite place, ce serait l'objet de notions som-
maires, présentées dans une sorte de préambule. La plus

grande partie des leçons devrait porter sur les voies d'exécution, parce que là, le jurisconsulte se retrouve à chaque
instant en présence du droit civil, et qu'on peut dire aussi de
cette partie de la procédure (ce que nous disions des lois sur
l'enregistrement tout à l'heure), qu'elle en est une suite et un
prolongement.

Fortifier le plus qu'il est possible les parties substantielles
de l'enseignement des facultés de droit, telle est la première
condition pour que la licence prenne rang parmi les grades
sérieux et devienne digne de la faveur qu'on réclame pour
elle.

Il y en a une seconde, sans laquelle la première n'est rien.
Il ne suffit pas de réviser les programmes et de mieux répartir
les cours : ce sont là des mesures vaines, si l'autorité universitaire ne peut acquérir la preuve que les étudiants ont suivi
les leçons et qu'ils en ont profité. Il ne suffit pas que l'enseignement soit fort, il faut aussi et surtout que les étudiants le
soient, et qu'on ait le moyen de le constater sûrement. Quelle
doit être la nature des épreuves? La sanction de l'enseignement présente encore plus d'importance dans cette réforme,
que sa réorganisation.

Or, il n'y a qu'un mode d'épreuves qui donne une garantie
absolue de savoir, c'est l'épreuve écrite ; et c'est aussi la seule
qui inspire à l'étudiant un salutaire effroi. L'examen oral
n'est pas pris au sérieux par lui. Il y voit, non sans raison, une
sorte de jeu où, d'avance, il peut compter beaucoup sur le
hasard, sur l'audace et l'adresse. Il saura bien échapper aux
mains habiles qui cherchent à le saisir ;

Effugiet... hæc sceleratus vincula Proteus.

Et en effet que peut faire l'examinateur le plus expérimenté
pendant les huit à dix minutes que dure son interrogation? Il
doit se contenter la plupart du temps d'une réponse vague, de
quelques oui ou de quelques non, proférés au hasard. Pour lui
donner satisfaction point n'est besoin de fréquenter son cours;
les recettes du manuel suffisent. Mais de tels moyens ne sont
plus possibles avec la composition écrite. Celle-ci permet
de juger en pleine connaissance de cause. Elle permet de voir

si le candidat connaît les principes, s'il sait lier et raisonner ses idées, si la langue du droit lui est familière. Le savoir peut y faire ses preuves, et l'ignorance s'y montre toute nue. Aussi l'écrit est-il devenu l'élément dominant dans tous les concours, il constitue l'épreuve éliminatoire dans les examens de la licence ès-lettres et de la licence ès-sciences : c'est une barrière infranchissable pour les faibles et les infirmes. L'expérience du système est faite ; en l'appliquant aux examens de droit, on peut être certain d'obtenir d'avance le résultat que l'on poursuit. Et maintenant imposerait-on les épreuves écrites aux étudiants de la première année ? Les réserverait-on pour ceux de la deuxième et de la troisième année ? Même pour ceux-ci ne faudrait-il pas limiter l'innovation aux matières principales, telles que le droit civil et le droit romain ? Questions secondaires ! Qu'il nous suffise de poser le principe.

D'après les idées que nous venons de développer, nous dresserions ainsi le tableau des cours :

PREMIÈRE ANNÉE

Introduction historique et philosophique a l'étude du droit (au début de l'année ; durée du cours à fixer) ;

Eléments du droit constitutionnel, 1ᵉʳ semestre ;

Economie politique, 2 semestres ;

Eléments de droit international public, 2ᵉ semestre ;

Droit civil, titre préliminaire et le premier livre tout entier ou en partie ;

Droit romain, notions générales ;

Ces deux derniers cours commenceraient aussitôt que l'*introduction à l'étude du droit* serait terminée.

DEUXIÈME ANNÉE

Droit civil, 2 semestres et 4 leçons par semaine ;

Droit romain, cours ayant spécialement pour objet les obligations, 2 semestres ; nombre de leçons par semaine à fixer ;

Code pénal et éléments d'instruction criminelle, 2 semestres ;

Droit international privé, 1 semestre.

TROISIÈME ANNÉE

Droit civil;

Droit commercial;

Droit administratif, comprenant un certain nombre de leçons sur l'enregistrement;

Eléments de procédure civile et voies d'exécutions; durée du cours à fixer.

Nous craignons que ce tableau ne paraisse un peu maigre à une époque où les vastes plans d'études sont en faveur à tous les degrés de l'enseignement. On s'étonnera peut-être de n'y voir mentionner expressément ni le code maritime, ni la législation forestière, ni telle autre branche du droit qui par son importance propre ou par l'intérêt pratique qu'elle présente, semblerait mériter les honneurs d'un cours spécial. Mais l'expérience a suffisamment démontré, croyons-nous, que la multiplicité des matières a pour conséquence fatale l'abaissement du niveau des études, et que, si l'on veut que l'esprit de l'élève se forme, il doit nécessairement revenir aux programmes courts. Il ne faut pas oublier d'ailleurs que celui-ci n'embrasse que les matières obligatoires, et que, dans notre système, il n'y a d'obligatoire que les matières essentielles. Ce qui reste en dehors d'un cadre relativement étroit, pourra toujours trouver place dans l'enseignement facultatif, auquel nous n'assignons aucune limite, dont le développement doit suivre le mouvement des esprits et répondre à tous les besoins.

La licence en droit réorganisée et soumise à des conditions assez dures pour pouvoir participer aux avantages dont jouissent les autres licences, il est permis de s'occuper de l'autre réforme librement et sans avoir devant les yeux la perspective du service obligatoire, qui mesure actuellement au licencié le temps de sa préparation au doctorat. Désormais (dans le système que nous proposons), il sera libéré, lorsqu'il commencera ses études en vue de ce dernier grade. Ce n'est pas une raison pour vouloir que ces études se prolongent sans utilité; mais c'en est une pour ne pas mettre à la portée de tous un titre qui, cessant d'être une nécessité, doit redevenir le luxe et le privilège d'une élite.

Nous avons déjà eu l'occasion de dire en quoi le docteur se distingue du licencié. C'est un savant, un professeur. Il ne s'en est pas tenu à l'étude générale des principes et à leurs applications les plus ordinaires. Il les a pénétrés jusqu'au fond ; il sait les combiner, il en a vu l'adaptation à la variété si grande des faits. Il s'est rendu maître du droit surtout en l'éclairant des vives lumières de l'histoire. Il en a cherché les origines aussi loin que possible dans le passé, et en a suivi les développements et les modifications à travers les siècles et sous les formes changeantes de la société. Enfin il ne s'est pas renfermé dans l'horizon des lois de son pays ; son regard s'est porté au-delà ; d'autres systèmes lui sont connus, il les a rapprochés et jugés. L'étude des législations comparées a été le complément et le couronnement de ses études juridiques.

Si nous ne nous sommes pas trompé sur ce qui doit constituer la science propre du docteur, il va être aisé de former le programme du doctorat.

Disons d'abord que nous sacrifions sans regret le troisième examen imposé par le décret du 20 juillet 1882, ainsi que les matières qu'il comprend.

Il nous semble aussi que l'on pourrait sans inconvénient supprimer l'une des deux thèses.

Ce sont là de notables allégements du programme en vigueur ; la durée des études en serait diminuée. Il n'y aurait donc que deux examens et une thèse portant sur le droit romain ou sur le droit civil au choix du candidat.

Dans le premier examen entrerait l'ensemble du droit romain ;

Dans le second :

1° l'histoire du droit français ;

2° les grandes matières du droit civil, comme les obligations, les successions, les donations et les testaments, les privilèges et les hypothèques ;

3° un cours de législation comparée portant exclusivement sur le régime de la propriété foncière et sur le crédit hypothécaire.

Vous le voyez, Messieurs : notre système diffère sensiblement d'un autre système, présenté récemment avec une grande autorité [1], qui consisterait à porter à quatre ans la durée des études de licence, à comprendre dans ces études tous les éléments de la science juridique, et à exiger simplement deux thèses de l'aspirant au doctorat : « La licence, » a-t-on dit, « contient ou doit contenir l'attestation d'une instruction « acquise suffisante dans son étendue et dans son degré. L'ob-« jet propre du doctorat, et c'est en ce sens particulièrement « qu'il constitue un grade purement scientifique, c'est de mon-« trer l'aptitude à faire, à l'aide des connaissances acquises, « œuvre personnelle et originale : c'est à quoi il est pourvu par « les thèses. »

Ce système est emprunté aux règlements des facultés des lettres et des facultés de sciences. Pourquoi il ne saurait être, selon nous, étendu aux facultés de droit, c'est ce qui nous reste à dire.

Qui aspire jusqu'ici aux diplômes de licencié ès lettres et de licencié ès-sciences ? En général deux catégories de personnes : celles qui se destinent à l'enseignement et celles qui, se sentant le goût des hautes études, viennent chercher dans les Facultés un développement de l'instruction secondaire. C'est le petit nombre [2] et à ce petit nombre on peut imposer un programme complet.

Au contraire les intérêts les plus divers poussent une masse de jeunes gens vers les écoles de droit. La connaissance des lois est utile même à l'homme qui n'a pas d'autre ambition que celle d'être rentier ou propriétaire. L'administrateur d'une société commerciale ou industrielle ne peut guère s'en passer. Le grade de licencié en droit est exigé, non seulement à l'entrée des carrières judiciaires, mais encore à l'entrée de combien d'autres carrières ! Et c'est une sorte de passe-port à l'in-

1. La Réforme du doctorat en droit par M. Bufnoir, dans la *Revue internationale d'Enseignement supérieur*, 15 juillet 1893.

2. Aujourd'hui le nombre des candidats à la licence ès lettres s'accroit sensiblement : c'est la conséquence prévue de la loi militaire. Mais vraisemblablement ce nombre restera toujours assez limité, l'enseignement supérieur des lettres n'étant pas abordable pour toute nature d'intelligence.

térieur, et dès lors est-il juste de le tenir si haut? Sans doute, dans la clientèle des écoles de droit, beaucoup pourraient se contenter du certificat modeste de capacité. Mais retranchez, si vous le voulez, ce *vile pecus*, il reste encore un nombre prodigieux d'aspirants au diplôme.

Exigez d'eux une instruction élevée et solide ; mais l'instruction intégrale est, comme conséquence, un temps d'études porté à quatre années ! Cette prolongation de la scolarité nous paraîtrait une mesure bien grave. N'oublions pas en effet que si la licence en droit est une condition requise pour beaucoup de professions, elle ne donne droit à aucune. C'est simplement une première étape sur le chemin qui mène au but. Lorsque l'étudiant sera quitte envers la faculté et qu'ensuite il sera libéré de sa dette envere la patrie, c'est-à-dire lorsque cinq ans auront été prélevés sur sa jeunesse, il lui faudra commencer un second noviciat, — un stage quelconque ou la préparation d'un concours. Que de temps à attendre encore et que d'obstacles à franchir avant qu'il ait assis sa vie et assuré son avenir !

Ce sont là de sérieuses objections contre le système proposé. Nous en apercevons une autre, non moins sérieuse, dans la difficulté que l'acquisition de la science juridique présente pour les jeunes intelligences.

La culture des sciences et celle des belles-lettres ne conviennent pas à tous les esprits. Elles demandent des facultés particulières ; mais là où ces facultés existent, elles éclosent et se développent de bonne heure. L'aptitude au droit se rencontre chez un plus grand nombre d'intelligences ; mais, en revanche, il est assez rare qu'à l'âge où ils font leur licence, les étudiants soient déjà capables de recevoir à haute dose l'enseignement juridique. Est-ce parce que tout est nouveau pour eux dans cet enseignement, et que rien dans l'instruction qu'ils ont antérieurement reçue ne les y a préparés? Est-ce parce qu'il est singulièrement abstrait et, disons-le, un peu aride ? Le fait est que, sauf de rares exceptions, les plus laborieux et les mieux doués ne sortent des universités qu'avec une teinte plus ou moins forte des principes. La possession des éléments et l'aptitude à savoir davantage, voilà les fruits d'une bonne licence.

Ce serait se faire illusion que de croire que même avec quatre années d'études, — de simples généralités remplissant la première, les textes et les théories n'étant abordés directement qu'au début de la seconde, — on pût obtenir un meilleur résultat. Celui-là est satisfaisant d'ailleurs, mais il ne nous paraît pas constituer l'acquis d'un maître ès lois. C'est pourquoi nous avons demandé que l'aspirant au doctorat agrandît le cercle de ses connaissances juridiques, et même qu'il revint sur les parties essentielles du programme de la licence. Nous n'avons pas été cependant jusqu'à exiger la reprise de tout le droit civil. Car on peut supposer à la rigueur que certaines matières relativement faciles ont été bien saisies dès la première fois qu'elles ont été vues. Mais cette supposition n'est plus permise, s'il s'agit de ces matières vastes et profondes, telles que les obligations, les successions et les donations entre vifs ou par testament, les privilèges et les hypothèques, matières que le licencié n'a pas creusées suffisamment et sans la connaissance complète desquelles il n'y a pas de docteur.

Tels sont, Messieurs, nos *desiderata*.

Et maintenant y aurait-il lieu de partager l'enseignement de nos facultés de droit en deux branches, l'une comprenant la science juridique proprement dite et l'autre les sciences administratives et économiques? C'est là une question à part et une question très grave : elle ne nous paraît pas rentrer dans la demande d'avis faite par M. le Ministre. Nous n'avons donc pas à l'examiner ici.

DÉLIBÉRATION DE LA FACULTÉ

La Faculté libre de Droit,

Après avoir entendu et discuté le rapport présenté au nom de sa Commission par M. Gabriel Alix,

Statuant sur les conclusions de ce rapport,

Convaincue de l'utilité que peut offrir le remaniement des cours de Licence et de Doctorat, dans un sens favorable à la formation et au développement de l'esprit juridique de la jeunesse ; esprit plutôt amoindri que fortifié, dans l'état actuel des choses, par l'étude sommaire et hâtive des matières spéciales et secondaires livrées à l'option des étudiants ;

Approuvant, en particulier, l'institution d'une sorte de période préparatoire, consacrée pendant un temps plus ou moins long, en première année, à une étude d'ensemble, à la fois historique et philosophique, qui servirait d'introduction au reste des cours ;

Insistant, — sur la place prépondérante qu'il convient de conserver aux cours de Droit civil ;

— Sur l'importance qui s'attache à ce que l'étude essentielle du Droit romain retienne dans le programme de l'enseignement la part qui lui est faite aujourd'hui ;

— Sur les avantages qu'offrirait l'établissement d'une preuve écrite éliminatoire, servant de préliminaire aux examens oraux de chacune des trois années de Licence ;

— Sur les inconvénients du troisième examen de Doctorat, dont les matières pourraient d'ailleurs devenir l'objet d'épreuves spéciales facultatives ;

Réservant, en ce qui concerne le tableau des cours, les questions d'organisation particulière dans lesquelles il est difficile d'entrer *à priori ;*

Décide qu'une expédition de la présente délibération sera transmise, avec le rapport de la Commission, à M. le ministre de l'instruction publique, et que le texte en sera inséré dans le prochain numéro du Bulletin de l'Institut Catholique.

PARIS. — F. LEVÉ IMPRIMEUR DE L'ARCHEVÊCHÉ, RUE CASSETTE, 17.